Cândido Mariano da Silva Rondon

Darcy Ribeiro

Cândido Mariano da Silva Rondon

São Paulo
2017

© Fundação Darcy Ribeiro, 2013
1ª Edição, Global Editora, São Paulo 2017

Jefferson L. Alves – diretor editorial
Gustavo Henrique Tuna – editor assistente
Flávio Samuel – gerente de produção
Jefferson Campos – assistente de produção
Flavia Baggio – coordenadora editorial
Fernanda Bincoletto – assistente editorial e revisão
Danielle Costa – revisão
Mayara Freitas – projeto gráfico
Eduardo Okuno – capa
Acervo do Museu do Índio/FUNAI – Brasil – fotos da capa e do caderno iconográfico

Obra atualizada conforme o
NOVO ACORDO ORTOGRÁFICO DA LÍNGUA PORTUGUESA.

CIP-BRASIL. CATALOGAÇÃO NA PUBLICAÇÃO
SINDICATO NACIONAL DOS EDITORES DE LIVROS, RJ

R369c
   Ribeiro, Darcy, 1922-1997
   Cândido Mariano da Silva Rondon/Darcy Ribeiro. – 1. ed. – São Paulo: Global, 2017.
   il.

   ISBN 978-85-260-2323-9

   1. Rondon, Cândido Mariano da Silva, 1865-1958. 2. Índios da América do Sul. I. Título.

16-36843   CDD: 980.00498
                              CDU: 398.2

Direitos Reservados

global editora e distribuidora ltda.
Rua Pirapitingui, 111 – Liberdade
CEP 01508-020 – São Paulo – SP
Tel.: (11) 3277-7999 – Fax: (11) 3277-8141
e-mail: global@globaleditora.com.br
www.globaleditora.com.br

Colabore com a produção científica e cultural.
Proibida a reprodução total ou parcial desta obra sem a autorização do editor.

Nº de Catálogo: **3684**

Acervo Fundar

Sumário

Nota editorial 9

A obra indigenista de Rondon 13

    Rondon, o humanista 15

    Rondon, indigenista 30

    Rondon, civilizador do sertão 37

    Rondon, pacificador de Letícia 41

    Rondon, protetor dos índios 43

Os quatro princípios de Rondon 57

Bibliografia de Cândido Mariano da
Silva Rondon 61

Bibliografia sobre a vida e a obra de
Cândido Mariano da Silva Rondon 65

Nota editorial

Quando trabalhava no Serviço de Proteção aos Índios, Darcy Ribeiro teve a oportunidade de travar contato próximo com um dos brasileiros que mais atuaram em favor da valorização dos povos indígenas do Brasil: Cândido Rondon.

Este livro traz dois importantes textos de Darcy que tocam a trajetória do sertanista. O artigo "A obra indigenista de Rondon" saiu em 1958 dentro da coleção "Cadernos de Cultura" do Ministério da Educação e Cultura. O segundo, intitulado "Os quatro princípios de Rondon", configura-se no necrológio lido por Darcy Ribeiro no dia do sepultamento de Rondon, ocorrido no Cemitério São João Batista, no Rio de Janeiro, em 20 de janeiro de 1958. Na sequência, encontram-se uma lista das publicações de autoria de Rondon e uma relação de estudos que versam sobre a trajetória e a obra do sertanista.

As fotos aqui incluídas pertencem ao acervo do Museu do Índio, órgão situado no Rio de Janeiro e ligado à Fundação Nacional do Índio (FUNAI), que abriga importante acervo iconográfico do Serviço de Proteção aos Índios. Ambos os textos que integram este livro denotam o reconhecimento que Darcy Ribeiro tinha pelo trabalho desenvolvido por Rondon em favor dos direitos dos índios de viver segundo seus costumes tradicionais.

Cândido Mariano da Silva RONDON

A obra indigenista de Rondon*

Em sua última viagem a Mato Grosso, Rondon fez uma visita ao velho Cadete, chefe dos índios **Bororo**. Foi um encontro singular de amigos que se conheciam há mais de sessenta anos, desde quando Rondon, no princípio de sua carreira militar e indigenista, chamou ao nosso convívio os **Bororo** de Garças. Os dois velhos tomaram-se as mãos e, meio abraçados, falaram longamente na língua daqueles índios. A certa altura, Rondon voltou-se para alguém que o acompanhava e comentou:

– Sabe o que ele está dizendo? Me aconselha a vir morrer aqui, porque, diz ele, estando velho, não durarei muito e só os **Bororo** saberiam fazer o meu enterro.

---

*   Reproduzido da coleção *Cadernos de Cultura do Ministério da Educação e Cultura*, Rio de Janeiro, 1958. Uma tradução para o castelhano foi publicada em *América Indígena*.

Pouco tempo depois, morto Cadete, estivemos em Mato Grosso para orientar a documentação cinematográfica dos seus cerimoniais fúnebres. Reunira-se toda a tribo para aquela homenagem, e muitos índios me perguntaram quando viria Rondon. Só se convenceram de que não compareceria ao ouvirem a gravação que leváramos, em que Rondon lhes dizia que íamos como seus olhos e seus ouvidos, para tudo ver e tudo ouvir, a fim de contar-lhe depois. Que ele estava velho e cansado, só por isso não ia também à despedida de Cadete. Graças a essa gravação pudemos não apenas assistir, mas também documentar, em todos os seus detalhes, momentos do cerimonial que, até então, somente índios haviam presenciado.

Acompanhei os funerais de Rondon no Rio, sei das homenagens que lhe foram prestadas em todo o país e como a notícia do seu falecimento repercutiu nas aldeias indígenas. O Brasil o perdeu consciente de que perdia a personalidade mais enérgica e mais generosa que nosso povo jamais produziu. Mas ainda me pergunto se Cadete, de certo modo, não teria razão. Tanto quanto filhos podem chorar aos pais, os índios o chorariam, conscientes do grande vazio que se abriu com sua morte, dos perigos que, doravante, pesam sobre suas vidas e suas terras, tantas vezes ameaçadas em termos de **se não fosse esse Rondon**...

Ainda hoje poucos se capacitaram de que o amparo ao índio seja uma política oficial do Governo, uma exigência da opinião pública, uma imposição da lei, e não apenas o fruto da obstinação de um homem, de Rondon. O seu devotamento de mais de meio século à causa indígena fez dele a personificação mesma dessa causa. Colocando a serviço dela seu prestígio nacional duramente conquistado, de grande construtor de linhas telegráficas e de promotor das mais amplas pesquisas geográficas, geológicas, antropológicas, faunísticas e florísticas empreendidas em nosso país, ele conseguiu mais do que qualquer outro poderia alcançar.

Graças a Rondon, sobrevivem hoje dezenas de milhares de índios que teriam perecido sem o amparo que ele fez chegar às suas aldeias longínquas.

É a vida e a liberdade desses índios que se encontram, agora, sob ameaça e exigem, para que sejamos dignos de Rondon, uma outra ordem de homenagem à sua memória: a vigilância mais alerta para as tentativas que fatalmente virão de morte e de esbulho contra os índios e a ação mais enérgica para denunciá-las e impedi-las.

RONDON, O HUMANISTA

No centro de Mato Grosso abre-se uma extensa região de campos cortados por palmais e matas em galeria que margeiam os rios e lagoas. São os campos do Mimoso, ocupados por descendentes de bandeirantes paulistas mesclados com índios e negros. Depois de esgotadas as reservas de ouro de Cuiabá que os haviam atraído àqueles ermos, ali se instalaram como criadores de gado. Essa era, aliás, a única economia praticável em região tão isolada, porque só o gado poderia conduzir-se a si mesmo através de milhares de quilômetros de simples picadas até os mercados da costa atlântica.

Na sesmaria de Morro Redondo, propriedade de seus avós naquela região, nasceu a 5 de maio de 1865 Cândido Mariano da Silva Rondon. Para fazer seus estudos elementares foi levado a Cuiabá, onde, depois de licenciar-se professor primário, ingressa no Exército como soldado, a fim de seguir para a Escola Militar da Corte. Em 1890, graduado bacharel de Ciências Físicas e Naturais, é promovido a tenente do corpo do Estado Maior, sendo aproveitado como professor-substituto de Astronomia e Mecânica a convite de seu mestre, o fundador da República, Benjamim Constant Botelho de Magalhães.

A carreira humanística de Rondon tem início em 1890, quando abandona a oportunidade que se oferecia de uma carreira de magistério para servir no setor mais árduo do Exército, que era, àquela época, a construção das linhas telegráficas que ligariam o estado de Goiás ao seu estado natal, integrando-o no circuito telegráfico nacional. Já então, Rondon, movido por suas convicções filosóficas de positivista militante, age como o humanista que seria. Dirigindo-se a Mato Grosso longínquo, na verdade ele se orientava para a aplicação prática de postulados de Auguste Comte, uma vez que ali poderia imprimir à tropa sob seu comando aquela feição construtiva que o filósofo francês propugnava para o advento do estado positivo.

Nesses trabalhos, Rondon tem seus primeiros contatos com os índios e os coloca, de imediato, sob a proteção das tropas que comandava. Assim, consegue a pacificação dos **Bororo** de Garças, que constituíam, até então, sério obstáculo às comunicações entre Mato Grosso e Goiás e, ao mesmo tempo, eram vítimas de cruéis trucidamentos. Em seguida, se depara ou vai ao encontro dos remanescentes dos **Guaná**, dos **Índios Cavaleiros**, dos **Ofaié**, dos **Paresi**, fazendo demarcar suas terras, assegurando-lhes trabalho nas obras de construção das linhas telegráficas, instrução e o amparo de que careciam para sobreviver.

Até sua chegada aqueles índios estiveram entregues ao seu próprio destino, defendendo-se contra uma sociedade dotada de recursos infinitamente superiores, que crescera como uma tormenta sobre os territórios tribais. Até então a só existência dos índios numa região era motivo de inquietação e clamor. E quando acrescia uma circunstância qualquer, como a valorização econômica das terras que ocupavam, ou de si próprios como mão de obra, era a condenação.

Os que se opunham à expansão das frentes pioneiras que avançavam sobre suas aldeias eram dizimados. Muitas vezes por chacinadores profissionais, os célebres **bugreiros**, frequentemente estipendiados pelos governos estaduais. Ainda mais dramático era o destino dos que se haviam submetido ao nosso convívio. Já incapazes de defender-se, experimentavam condições de penúria às quais nenhum povo poderia sobreviver.

Assim viviam, assim morriam os índios do Brasil de 1910. E isso não ocorria apenas em igarapés ignorados da Amazônia ou nos ermos do Brasil Central, mas às portas ou à distância de um dia de viagem de cidades como São Paulo, Blumenau, Vitória e Ilhéus.

Em 1906 vamos encontrar o Coronel Rondon amadurecido nestes empreendimentos como militar, como engenheiro e como geógrafo, sendo incumbido de uma obra ainda mais arrojada. Pediam-lhe, agora, que atravessasse 250 léguas de sertões desertos do noroeste de Mato Grosso e 300 léguas da floresta amazônica, nunca antes percorridas, para levar os fios telegráficos de Cuiabá ao Território do Acre, recentemente incorporado ao Brasil, fechando assim o circuito telegráfico nacional.

Rondon aceita a empresa que a muitos engenheiros e militares parecera inexequível e se propõe, ainda, a ampliar seus encargos, a fim de proceder ao estudo científico da região que atravessaria em sua feição etnográfica, geográfica, florística e faunística. E, agora, já como indigenista militante, impõe uma condição inteiramente nova em empreendimentos dessa natureza: exige que as populações indígenas desconhecidas que encontrasse na região a devassar fiquem ao seu cuidado a fim de evitar que, mais uma vez, a penetração em um território novo fosse acompanhada de calamidades e cruezas contra seus habitantes silvícolas.

Essa missão é que seria conhecida mais tarde como a Comissão Rondon, grandiosa empresa política e militar que se tornou sob sua direção o maior empreendimento científico e a maior cruzada humanística jamais tentada no Brasil.

Em meio aos trabalhos dessa Comissão, Rondon é chamado pela Presidência da República e encarregado de organizar a expedição que deveria acompanhar o Coronel Theodore Roosevelt, ex-Presidente dos Estados Unidos, através dos sertões do Brasil, do rio Paraná ao Amazonas. Aceitando a empresa, traça-lhe o roteiro, define os objetivos e a conforma de modo a não representar uma simples excursão venatória, mas o cuidadoso levantamento de uma área inexplorada. Ao organizar a equipe da expedição, nela inclui os cientistas naturais e geógrafos que deveriam assegurar-lhe esse caráter.

Depois de levar a expedição a bom termo (1913-1914), desde o rio Apa, na fronteira com o Paraguai, até Belém do Pará, colocando nas cartas geográficas um rio até então desconhecido, de mais de 1.000 quilômetros de curso, o rio Roosevelt, em vez de regressar à sua família volta incontinenti para Manaus. Daí prossegue rumo ao rio Jamari para retomar a chefia dos serviços telegráficos. Só um ano depois, e por terra, através de Mato Grosso, regressa ao Rio de Janeiro para balancear os resultados de seus últimos anos de trabalho.

Foram anos de ingentes esforços (1907-1917), de sacrifícios e de privações inenarráveis, mas, em compensação, cheios de realizações magníficas. Ao fim dos trabalhos, a Comissão construíra 2.270 quilômetros de linhas telegráficas, a maior parte delas cortando regiões nunca antes palmilhadas por civilizados e através das quais instalara 28 estações que seriam, no futuro, outros tantos povoados. Procedera ao levantamento geográfico de 50.000 quilômetros lineares de terras e de águas; determinara mais de 200 coordenadas geográficas; inscrevera nos mapas do Brasil cerca de 12 rios até então desconhecidos e corrigira erros grosseiros sobre o curso de outros tantos. Essa é a obra sem paralelo do construtor e do geógrafo.

Mas a ela se devem acrescentar as contribuições de Rondon para o conhecimento etnográfico, linguístico, geológico, botânico e zoológico do Brasil interior. Para isso se fizera acompanhar de cientistas que, seguindo as turmas construtoras, realizaram um balanço da natureza brasileira que desafia comparação. Algumas das maiores figuras das ciências no Brasil obtiveram de Rondon suas maiores e melhores oportunidades de realizar pesquisas.

Dentre os colaboradores científicos das suas diversas expedições, contam-se nomes como **Edgar Roquette-Pinto** (antropólogo), **F. C. Hoehne, A. J. Sampaio, Alfredo Cogniaux, H. Harns** (botânicos), **J. G. Kuhlmann, Adolfo Lutz, Alípio Miranda Ribeiro, Adolfo Ducke, H. Von Ihering, Arnaldo Black, H. Reinisch, E. Stolle** (zoólogos), **Alberto Betim Pais Leme, Eusébio de Oliveira, Cícero de Campos, Francisco Moritz** (geólogos e mineralogistas) e **Gastão Cruls** (naturalista).

Essa plêiade de colaboradores é que permitiu a Rondon fazer da mais arrojada penetração jamais realizada através dos sertões inexplorados do Brasil a melhor planejada e a mais fecunda. As coleções de artefatos indígenas (3.380), de plantas (8.837), de animais (5.676) e de minerais (quantidade desconhecida) que Rondon encaminhou ao Museu Nacional perfazem a maior contribuição feita àquela instituição em um século de existência. Os estudos de campo e a análise dessas coleções dariam lugar a mais de uma centena de publicações que colocam Rondon no primeiro plano como incentivador do desenvolvimento das ciências no Brasil.[1]

Maior, porém, que a obra do geógrafo, do engenheiro, do cientista foi a humanística. Num tempo em que junto a zonas povoadas, próximo de grandes cidades, os índios eram espingardeados como feras, Rondon, penetrando os sertões mais ermos, fora ao encontro das tribos mais aguerridas do país, levando-lhes uma mensagem de paz e abrindo novas perspectivas nas relações das sociedades nacionais com os povos tribais. Através de sua ação humanística, Rondon provara que era possível chamar a tribo mais hostil ao convívio pacífico da sociedade brasileira por métodos persuasórios: sua equipe havia atravessado territórios das tribos mais temidas, nos quais ninguém antes ousara penetrar, sem jamais hostilizá-las, acabando por conquistar a confiança e a amizade dos **Nambikuara**, dos **Kepkiriwat, Parnawat, Urumi, Arikén** e, mais tarde, dos **Umotina**.

Os primeiros índios com que se deparou a Comissão Rondon foram os **Paresi**, marcados por séculos de contatos e violências dos civilizados. Neles os bandeirantes e os primeiros povoadores de Mato Grosso tiveram uma das fontes preferidas de escravos, por serem lavradores que fiavam e teciam o algodão para o fabrico de

---

1 RIBEIRO, Alípio Miranda. *A Comissão Rondon e o Museu Nacional.* Rio de Janeiro, 1945; *Catálogo Geral das Publicações da Comissão Rondon.* Conselho Nacional de Proteção aos Índios. Rio de Janeiro, 1946.

redes e panos. A beleza de suas mulheres despertou logo a atenção dos mineradores de ouro que em Mato Grosso, como em Goiás, só contavam nos primeiros anos com mulheres indígenas.

A Comissão encontrou os grupos **Paresi** mais próximos das povoações sertanejas, engajados na economia regional como extratores de produtos florestais e sujeitos à maior exploração.

> "De nada lhes valia serem de gênio dócil e inofensivo; muitas vezes foram perseguidos e trucidados por civilizados que assim procediam para ficar com o monopólio da exploração de seringais em que eles se achavam estabelecidos desde tempos imemoriais".[2]

À medida que avançava pelo território **Paresi**, indo de encontro aos grupos mais isolados, constatava Rondon que os índios eram mais numerosos, viviam melhor, gozando de mais fartura.

Como fizera antes com as tribos do sul, Rondon colocou os **Paresi** sob a proteção da Comissão, livrando-os da "opressão dos seringueiros, obstando a que os índios continuassem a ser perseguidos e enxotados, a ferro e fogo, das suas aldeias, espoliados de suas terras, roubados e depravados pela introdução da cachaça, com todo o seu triste cortejo de misérias físicas e morais".[3] Convenceu aos chefes **Paresi** da conveniência de transferir-se a tribo para terras melhores, assegurando-lhes a propriedade delas e colocando-os, assim, mais perto das linhas telegráficas que lhes garantiriam trabalho bem remunerado.

Fundou escolas que alfabetizaram os **Paresi** e prepararam artífices, até telegrafistas, depois aproveitados nas estações da região.

---

2   *Missão Rondon*. Rio de Janeiro, 1916. p. 264.
3   Idem. p. 276.

E, sobretudo, levantou o ânimo da tribo, pelo respeito a suas instituições e pelo acatamento às suas autoridades, impondo a todos os antigos exploradores esse mesmo respeito. Assim, Rondon conquistava também a confiança daqueles índios que daí em diante foram seus mais preciosos guias no desbravamento das regiões que somente eles conheciam.

Em seguida a Comissão Rondon inicia a penetração no território dos **Nambikuara**. Dessa tribo não se sabia mais que o nome a ela atribuído desde um século antes e as notícias dos violentos choques que tivera com todos os que tentaram invadir seu território. Eram descritos como índios antropófagos, em guerra contra todas as tribos circundantes.

Os **Nambikuara** seriam uma prova de fogo para os métodos persuasórios de Rondon. Ninguém, exceto ele, acreditava ser possível penetrar o território daqueles índios sem lhes mover uma guerra cruenta, e ninguém esperava da Comissão Rondon, já assoberbada pelas dificuldades imensas do próprio empreendimento, que ela se fizesse pacificamente. Em seu diário, referindo-se àquela penetração, ele escrevia: "Ninguém exige de nós atos sublimes, de coragem e de abnegação; mas é nosso dever absoluto não juntarmos aos embaraços já existentes outros que tornem ainda mais difícil a árdua tarefa de quem, no futuro, tiver forças para a vencer".[4]

À medida que a expedição avançava, iam aumentando os sinais da presença daqueles índios: caminhos cada vez mais batidos, árvores onde haviam tirado mel com seus machados de pedra, acampamentos de caça recentemente abandonados e, finalmente, sinais de sua presença pressentidos bem próximos. Os **Nambikuara** vigiavam o avanço da tropa, mantendo-se, porém, sempre invisíveis.

---

4   *Missão Rondon*. Rio de Janeiro, 1916. p. 130.

As preocupações dos oficiais eram cada vez maiores, o encontro desejado era iminente, mas todos temiam pelos seus resultados. Apreensivo com o ânimo de seus soldados, Rondon registra em seu relatório:

> "Os expedicionários pouco dormiam. Muitos nos contaram ter ouvido, alta noite, rumo ao sol poente sons parecidos com as flautas dos índios, provenientes dalgum aldeamento estabelecido para essa banda...
> "O que não teria passado pelo espírito dos nossos soldados e tropeiros, cercados, nestes ermos, de indícios e vestígios dos Nhambiquaras, nome que só por si basta para arrebatar as almas, mesmo as mais frias, às regiões povoadas de cenas pavorosas de antropofagia, de que andam cheias as lendas secularmente entretecidas em torno desta nação de silvícolas?!"[5]

Este era o mais grave problema de Rondon naquela penetração: o pavor de seus soldados. Gente aliciada da população sertaneja, acostumada a matar índios com a naturalidade com que se abate caças, não podia conceber que devessem ser poupados, mesmo quando atacassem. Vinham sugestionados pelas estórias de massacres, ouvidas através de toda a zona pioneira, cuja população vivia em guerra com aqueles mesmos índios. Nessas condições, todas as preocupações eram necessárias para evitar o pânico diante de um ataque de índios, pois, se fosse revidado pelos soldados, poderia comprometer todo o empreendimento. Uma vez que se estabelecesse a luta, a Comissão só poderia romper os Sertões pela guerra, matando índios e sofrendo, também, imensas perdas. O primeiro

---

5 *Missão Rondon*. Rio de Janeiro, 1916. p. 136.

problema era o moral de sua própria tropa; mantê-la serena e consciente mesmo naqueles momentos em que o orgulho militar fosse excitado por um ataque inesperado.

O índio, por sua vez, não podia encarar a invasão indisfarçável do seu território senão como um ato hostil. Toda a tradição tribal, a experiência pessoal de cada um deles só lhes ensinava que cada homem branco é um celerado pronto a trucidar, violentar, incendiar e roubar. Como convencê-los de que a Comissão era diferente de quantos magotes de seringueiros ou simples exploradores haviam tentado atravessar antes as suas terras, à força de balas?

Para Rondon esse era um ponto de honra. Se a Comissão devesse transformar-se em força trucidadora de índios, ele não teria aceitado seu comando. Todavia estava certo de que os índios procurariam hostilizar a tropa, e sua repulsa à ideia de ter de revidá-los o fazia redobrar a vigilância para frustrar-lhes qualquer oportunidade de ao menos tentar um ataque.

Acabrunhado por preocupações dessa ordem durante a penetração pelo território **Nambikuara**, Rondon escrevia:

> "Que nós estamos invadindo suas terras, é inefável! Preferiríamos pisá-las com o assentimento prévio dos seus legítimos donos. Havemos de procurar todos os meios para lhes mostrar quanto almejamos merecer este assentimento e que não temos outra intenção senão a de os proteger. Sentimo-nos intimamente embaraçados por não podermos, por palavras, fazer-lhes sentir tudo isso.
>
> Eles nos evitam; não nos proporcionam ocasião para uma conferência, com certeza por causa da desconfiança provocada pelos primeiros invasores que profanaram seus lares. Talvez nos odeiem também,

porque, do ponto de vista em que estão, de acordo com a sua civilização, todos nós fazemos parte dessa grande tribo guerreira que, desde tempos imemoriais, lhes vem causando tantas desgraças, das quais as mais antigas revivem nas tradições conservadas pelos anciãos".[6]

Realmente vieram os ataques. Os índios que rodeavam e seguiam a tropa continuamente, procurando ocasião para hostilizá-la, acabaram atacando e ferindo mais de uma vez os expedicionários. Porém, a força moral de Rondon e de seus oficiais foi capaz de conter a tropa e evitar revides, mesmo quando ele próprio foi alvejado pelas flechas **Nambikuara** e os soldados e oficiais mais se agitaram, tentando rechaçar o ataque. A ordem foi mantida e a diretiva de Rondon ficou de pé: **Morrer, se preciso for, matar nunca**.

Essa atitude pacífica, aliada aos presentes que a Comissão vinha deixando em cada caminho de índios com que se deparava, nos ranchos de caça, ou arrumados em jiraus onde pudessem ser encontrados, acabaram por convencer os **Nambikuara** do ânimo amistoso dos expedicionários. Em 1910 o primeiro grupo se apresentou ao pessoal da Comissão, sendo acolhido com todas as mostras de amizade e largamente presenteado com brindes especialmente destinados para essa eventualidade. Poucos meses depois todos os outros grupos se tinham confraternizado com a Comissão, apresentando-se às centenas, acompanhados de suas mulheres e filhos, em vários pontos da extensa região em que operava.

"Nem mesmo os velhos inválidos se quiseram privar da satisfação de verem, com seus próprios olhos,

---

6   *Missão Rondon*. Rio de Janeiro, 1916. p. 131.

os homens que apareciam assim, de repente, nas suas terras, com o poder de produzirem tão profunda e radical modificação nos seus hábitos seculares, como essa que resulta da substituição dos instrumentos de pedra pelos de ferro."[7]

Seguiram-se esforços para lograr a pacificação total dos **Nambikuara** com as tribos que guerreavam, principalmente os **Paresi**, seus inimigos tradicionais e que haviam representado o papel de guias da Comissão através dos sertões desconhecidos da Serra do Norte.

A fome de ferro que demovera as últimas resistências dos **Nambikuara** à confraternização confirmaria sua força junto de cada uma das tribos que a Comissão encontrou em seus caminhos. Uma delas, os **Kepkiriwat**, tendo se deparado, segundo presumiu Rondon, durante suas andanças com uma picada aberta pela Comissão a golpes de ferramentas, decidira transferir-se para junto dela, na esperança de surpreender um dia a gente que dispunha de tão extraordinárias ferramentas. Para tribos que só contavam com machados de pedra, que cortavam, furavam, raspavam e poliam com instrumentos feitos de ossos, dentes e conchas; um arbusto decepado com um golpe de facão devia representar alguma coisa de extraordinário, capaz de aguçar vivamente sua curiosidade. Esses índios confraternizaram-se com a Comissão em 1913. Eram, até então, inteiramente desconhecidos.

Nos dois anos seguintes, a Comissão Rondon entrou em relações com as tribos do rio Gy-Paraná. Eram povos de língua tupi que viviam em guerra com todos os vizinhos e, sobretudo, com os seringueiros que

---

7   RONDON. *Conferências*. Rio de Janeiro, 1916. p. 150.

penetravam seu território, partindo do rio Madeira. Assim, a Comissão Rondon, que deixara os últimos núcleos pioneiros de Mato Grosso mais de dois milhares de quilômetros para trás, reencontrava à civilização em outra de suas frentes de expansão, aqui representada pela mesma violência sem freios contra os índios. Era a fronteira de expansão da economia extrativa da Amazônia que avançava como uma avalanche sobre as tribos açoitadas naqueles ermos. E essa violência não tinha qualquer relação com a atitude dos índios; fossem agressivos ou dóceis, eram sempre tratados como feras.

> Num dos afluentes do Gy-Paraná, Rondon ouviu a estória de uma tentativa de pacificação de seringueiros, levada a efeito pelos índios **Rama-Rama**. "Cansados de tantos sofrimentos, os índios resolveram 'catequizar', 'amansar', ou se quiserem, 'domesticar' aquele 'civilizado' sobre o qual certamente teriam opinião um tanto quanto parecida com a que muitas vezes vemos expender-se a respeito deles mesmos, isto é, a de ser um bárbaro com instinto de fera. Mas ainda assim não se resolveram a matá-lo; preferiram os meios brandos e eis o que engendraram: o truculento seringueiro atravessava habitualmente certo rio, sobre uma pinguela. Dois **Rama-Rama** puseram-se a esperá-lo bem ocultos, cada qual em uma das cabeceiras da rústica passagem. Vem o seringueiro, barafusta por ali e quando está todo absorvido com as dificuldades naturais de semelhantes passos, levantam-se os índios fechando-lhes as saídas. Atônito, o homem perde a presença de espírito e nem mais se lembra da espingarda que traz a tiracolo. Porém, mais atônito deveria ter ele ficado, quando viu aqueles 'selvagens' que o podiam acabar em um instante e com toda a segurança, estender-lhe as mãos

desarmadas, oferecendo-lhe frutas: eram os 'brindes' com que tentavam iniciar o trabalho de 'catequese do civilizado'."[8]

Mais adiante, já no vale do Jamary, a Comissão iria se deparar com os **Arikém**, cuja atitude pacífica não os poupava da mais violenta perseguição dos seringueiros bolivianos e brasileiros que os desalojaram de seu antigo território e os mantinham em constante inquietação.

Rondon, não podendo realizar sua pacificação, procurou seus perseguidores e conseguiu convencê-los a assumirem uma nova atitude diante daqueles índios. O conselho foi seguido, e pouco tempo depois os **Arikém** confraternizavam-se com todos os sertanejos da região, abrindo-lhes suas aldeias, adotando seus costumes e até aprendendo a exprimir-se em português com surpreendente rapidez.

A consequência desse contato indiscriminado e da atitude dócil daqueles índios foi sua pronta contaminação por doenças como a gripe e a sífilis, que provocaram violenta mortalidade, reduzindo a tribo, que contava 600 pessoas, a 60 apenas em poucos anos. A par disso as crianças lhes foram tomadas para serem "educadas" na condição de **criados** tão comuns na Amazônia. Assim os encontrou Rondon em 1913 quando voltou àquela região, sendo obrigado a adotar medidas enérgicas para sustar a extinção do grupo.

Dificilmente se encontrará em toda a amarga história das relações entre povos tribais e nações civilizadas um empreendimento e uma atitude que se compare a de Rondon. Mesmo os missionários mais piedosos que evangelizaram os índios do Brasil quinhentista jamais abriram mão do braço secular. Ao contrário, sempre apelaram

---

8   RONDON. *Conferências*. Rio de Janeiro, 1916, p. 99.

para ele como o único remédio para a "subjugação" do gentio tida como condição para a catequese. Em Rondon é o próprio braço secular, é o próprio exército que, em marcha pelos territórios indígenas, abre mão de sua força para tornar-se cordura e compreensão. Por isso sua legenda **Morrer, se preciso for, matar nunca** é também o ponto mais alto do humanismo brasileiro.

No correr desses trabalhos, Rondon chamou ao nosso convívio mais de uma dezena de tribos até então virgens de contato com a civilização. E, ainda, forjou uma equipe consciente da importância e da complexidade do problema indígena. Essa foi a escola indigenista brasileira na qual se formaram aqueles que iriam dedicar--se ao Serviço de Proteção aos Índios. Todos haviam aprendido na escola de Rondon a não apelar jamais para a força física ou para a compulsão moral, ainda quando atacados. Aprenderam, sobretudo, que mesmo a tribo mais aguerrida está sedenta de paz e confraternizará com a civilização desde que se consiga convencê-la de que não está tratando com a mesma espécie de brancos com que até então se defrontara.[9]

---

9   Muitos oficiais do exército, depois de participarem das missões comandadas por Rondon no interior do país, orientaram-se para a carreira indigenista. Queremos destacar os nomes de **Antônio Martins Estigarríbia**, capitão de engenharia que abandonou a carreira militar para dedicar-se inteiramente ao Serviço de Proteção aos Índios, no qual exerceu todas as funções. **Vicente de Paula Teixeira da Fonseca Vasconcelos**, que dirigiu durante vários anos o SPI e a quem coube reorganizá-lo depois do colapso que sofreu em 1930. **Nicolau Bueno Horta Barbosa**, que foi um dos principais auxiliares de campo de Rondon e, numa das expedições, tendo o pulmão vazado por uma flecha, ainda conseguiu manter o controle sobre a tropa para impedir que revidassem ao ataque. Mais tarde devotou-se inteiramente aos índios do sul de Mato Grosso como chefe da Inspetoria local do SPI. **Alípio Bandeira**, que se tornaria a mais eloquente expressão literária da causa indígena e que, em colaboração com **Manoel Miranda**, procedeu aos estudos preliminares para a elaboração da legislação indigenista brasileira. **Júlio Caetano Horta Barbosa**, que teve os primeiros

Nos quinze anos de trabalho das diversas comissões chefiadas por Rondon nos sertões de Mato Grosso e da floresta amazônica, perderam a vida, em serviço, dezenas de oficiais do Exército e cento e sessenta soldados e trabalhadores civis. Seus túmulos plantados ao longo das linhas telegráficas que construíram, dos picadões que abriram, dos rios que foram os primeiros a devassar, testemunham o esforço extraordinário que custou a incorporação dos sertões do Nordeste, da Rondônia, como seria mais tarde denominada, à nacionalidade.

RONDON, INDIGENISTA

A fereza dos conflitos que lavravam no interior do país entre índios e civilizados, por força dos feitos de Rondon, acabou repercutindo nas cidades e obrigando o Governo a tomar conhecimento

> contatos amistosos com os índios **Nambikuara**. **Boanerges Lopes de Souza**, um dos colaboradores mais assíduos de Rondon, tanto na construção das linhas telegráficas de Mato Grosso (1910-1922) como na Inspetoria de Fronteiras, e **Manoel Rabelo**, organizador dos planos de pacificação dos índios **Kaingang**, de São Paulo – foram todos, mais tarde, membros do Conselho Nacional de Proteção aos Índios.
> Aos militares se juntaram desde a primeira hora colaboradores civis como o **dr. José Bezerra Cavalcanti**, que respondeu pela direção executiva do SPI desde sua criação até 1933, quando faleceu. O professor **Luiz Bueno Horta Barbosa**, que abandonou a cátedra da Escola Politécnica para dedicar-se exclusivamente ao Serviço de Proteção aos Índios e que foi o principal formulador dos princípios básicos da política indigenista brasileira. O **dr. José Maria de Paula**, que, ingressando no SPI quando de sua criação, nele exerceu todos os cargos, desde a chefia das inspetorias de índios dos Estados do Sul até a diretoria. **José Maria da Gama Malcher**, que serviu ao SPI com invulgar devotamento e capacidade, tanto chefiando as inspetorias do Pará e Maranhão como na função de diretor, de 1950 a 1954.

da existência e da gravidade do problema indígena. Chegara-se a um ponto em que não podia permanecer mais a dualidade escandalosa da civilização citadina, orgulhosa de suas conquistas materiais e morais, e a realidade do interior onde prevaleciam, ainda, os métodos do século da conquista. Abrira-se uma brecha entre a mentalidade das cidades desvinculadas não só geográfica, mas também historicamente das fronteiras de expansão e a atitude feroz dos que, deparando-se com o índio, o viam como um obstáculo e precisavam figurá-lo como selvagem e sanguinário e feroz, para justificar, a seus próprios olhos, a própria ferocidade.

Enquanto para a gente das cidades o índio era o personagem de romance idílico, ao gosto de José de Alencar, ou o herói épico à Gonçalves Dias, inspirados em Rousseau ou em Chateaubriand, no interior, o índio de verdade era propositadamente contaminado de varíola, envenenado a estriquinina ou espingardeado.

A tomada de consciência, o desmascaramento dessa contradição se deve a Rondon. Foi ele quem, trazendo dos sertões de Mato Grosso uma imagem nova e verdadeira do índio, substituiu a figura de Peri pela de um **Nambikuara** aguerrido e altivo, ou pela dos **Kepkiriwat** encantados pelos instrumentos supercortantes da civilização, ou ainda, dos **Umotina**, dos **Ofaié** e tantos outros, levados a extremos de penúria pela perseguição inclemente que lhes moviam, mas, ainda assim, fazendo comoventes esforços para confraternizar com o branco.

Depois das jornadas de Rondon, da vitória prática dos seus métodos persuasórios junto a grupos aguerridos como os **Nambikuara**, não podiam manter-se mais aquelas velhas teses defendidas por tantos da incapacidade do índio para a civilização, da inevitabilidade do uso da força contra o índio arredio e hostil e, ainda, a conjura mais manhosa de que a dizimação dos povos tribais, conquanto lastimável, seria uma imposição do progresso nacional e, assim, historicamente inexorável.

Em nome da falácia cientificista escamoteada nessa proposição, procurava-se explicar por graves razões históricas, por imperativos da natureza, o que não passava de vil cobiça de bandos de celerados que avançavam mata adentro em busca de seringais ou castanhais, sempre prontos a exterminar o índio com que se deparassem; de criadores que varriam o índio dos campos a ferro e fogo para destiná-los a seu gado; de colonos que se empenhavam em ocupar e usurpar terras em que viviam índios desde sempre e eram indispensáveis à sua sobrevivência.

A divulgação dos feitos de Rondon mobiliza as consciências e unifica as ações para um movimento nacional de salvação dos índios que acaba por institucionalizar-se em 1910, no Serviço de Proteção aos Índios.

Chamado a organizar a nova instituição, Rondon aquiesce, mas condiciona sua participação à obediência a certos princípios ditados por sua experiência prática e inspirados por sua posição filosófica. O órgão deveria ser de assistência, de **proteção**, e não de **catequese**, que esta, pressupondo uma crença religiosa, não podia ser exercida pelo estado leigo. Todo proselitismo caberia à iniciativa privada, assegurando-se para isso ampla liberdade de pregação e de culto junto aos grupos indígenas.

Nessas bases é organizado o Serviço de Proteção aos Índios, instituído por uma lei em que pela primeira vez em todo o mundo se estabelecia como princípio de direito **o respeito às tribos indígenas como povos que tinham o direito de se realizarem, conservar sua individualidade, professar suas crenças,** enfim, viver segundo o único modo que sabem viver, aquele que aprenderam de seus antepassados e só muito lentamente poderiam mudar.

Até então o índio fora tido como uma espécie de matéria bruta para a cristianização compulsória e só aceito como futuro não índio. Pela primeira vez se reconhecia na lei o relativismo da cultura, ou seja, que diferentes formas de concepção do sobrenatural ou de organização da família atendem satisfatoriamente a seus objetivos, cada qual em seu contexto histórico, e que é impossível mudá-los pela força sem levar o grupo à traumatização, à desmoralização e à morte.

Outro princípio básico firmado naquela legislação era o **da proteção aos índios em seu próprio território**, respeitando-se **sua organização tribal**. Assim se punha cobro à prática secular dos descimentos que desde os tempos coloniais vinham deslocando os índios de seu **hábitat** para a vida famélica dos povoados sertanejos onde se viam submetidos a toda ordem de vexames e explorações e contaminados por todas as pestes da civilização.

Pela mesma lei se **proibia o desmembramento da família indígena** sob o pretexto de educar, de converter ou qualquer outro. Essa prática, a despeito dos fracassos clamorosos e até dos levantamentos sangrentos de índios, revoltados pelo descaramento com que lhes roubavam os filhos, era até então tida como meritória.

Toda a ação assistencial deveria, doravante, orientar-se para a comunidade indígena como um todo, num esforço para levá-la a mais alto nível de vida através da **plena garantia possessória, de caráter coletivo e inalienável, das terras que ocupam, como condição básica para sua tranquilidade e desenvolvimento**; da introdução de novas e mais eficientes técnicas de produção e da defesa contra epidemias, especialmente aquelas adquiridas ao contato com civilizados e que, sobre populações indenes, alcançam maior letalidade.

Mais tarde, reconhecendo a incapacidade objetiva do índio para interagir em condições de igualdade com os demais cidadãos, a lei atribuía-lhe um estatuto especial de amparo que, **assegurando a cada índio, tomado em particular, todos os direitos do cidadão comum, levava em conta na atribuição dos deveres o estágio de desenvolvimento social em que se encontrava.**

A característica básica do programa que Rondon traçou para o Serviço de Proteção aos Índios é a perspectiva evolucionista em que foi embasado, a qual, **reconhecendo, embora, o direito do índio a viver segundo seus costumes tradicionais, abria perspectivas a um desenvolvimento natural e progressivo.**

A melhor expressão desse programa seria formulada anos mais tarde por Luiz Bueno Horta Barbosa, nestas palavras:

> O Serviço não procura nem espera transformar o índio, os seus hábitos, os seus costumes, a sua mentalidade, por uma série de discursos, ou de lições verbais, de prescrições, proibições e conselhos; conta apenas melhorá-lo, proporcionando-lhe os meios, o exemplo e os incentivos indiretos para isso: melhorar os seus meios de trabalho, pela introdução de ferramentas; as suas roupas, pelo fornecimento de tecidos e dos meios de usar da arte de coser, a mão e a máquina; a preparação de seus alimentos, pela introdução do sal, da gordura, dos utensílios de ferro, etc.; as suas habitações; os objetos de uso doméstico; enfim, melhorar tudo quanto ele tem e que constitui o fundo mesmo de toda existência social. E de todo esse trabalho, resulta que o índio torna-se um melhor índio

e não um mísero ente sem classificação social possível, por ter perdido a civilização a que pertencia sem ter conseguido entrar naquela para onde o queriam levar.[10]

Para aquilatar-se a importância desses princípios e o caráter pioneiro de sua formulação naquele Brasil de 1910, basta considerar que, em 1956, a 39ª Conferência Internacional do Trabalho, reunida em Genebra, aprovou como recomendação para orientar a política indigenista de todos os países que têm populações indígenas um documento inspirado, em grande parte, na legislação brasileira, em que esses mesmos princípios são enunciados como as normas básicas que devem disciplinar todas as relações com os povos tribais.

Mas Rondon não ficou na formulação dos princípios. Colocou-se à frente do Serviço de Proteção aos Índios como seu diretor, a princípio, depois como orientador sempre vigilante. Graças à sua ação indigenista militante, aquele Serviço pacificou todos os grupos indígenas com que a sociedade brasileira se deparou até agora, sempre fiel aos métodos persuasórios. Dezenas de servidores do SPI, ideologicamente preparados e motivados pelo exemplo de Rondon, provaram à custa de suas vidas que a diretiva **Morrer, se preciso for, matar nunca** não é mera frase.

Devido à sua atuação, imensas regiões do país, entre as quais se encontram algumas das que hoje mais pesam na produção agrícola e extrativa, foram ocupadas pacificamente pela sociedade brasileira, e os índios que as habitavam passaram a viver nos Postos Indígenas assentados em pequena porção do antigo território tribal.

---

10 BARBOSA, Luiz Bueno Horta. *Pelo índio e sua proteção oficial*. Rio de Janeiro, 1923.

Estão neste caso os célebres **Kaingang** de São Paulo, pacificados em 1912, cujas terras estão hoje cobertas por alguns dos maiores cafezais do Brasil; os **Xokleng**, de Santa Catarina, pacificados em 1914, no vale do Itajaí, onde prospera atualmente a região mais rica daquele estado; os **Botocudos**, do vale do Rio Doce, pacificados em 1911, cujo território tribal entre Minas e Espírito Santo é hoje ocupado por cidades e fazendas; os **Umotina**, dos rios Sepotuba e Paraguai, cuja pacificação, em 1918, permitiu explorar as maiores matas de poaia do Brasil; os **Parintintin**, que até 1922 mantiveram fechados à exploração os extensos seringais do rio Madeira e seus afluentes; os **Urubus**, que até 1928 detiveram em pé de guerra quase todo o vale do rio Gurupi, entre Pará e Maranhão; os **Xavante**, do rio das Mortes, pacificados em 1946.

Por força da heterogeneidade de desenvolvimento do Brasil, ao longo das nossas fronteiras de expansão econômica, várias tribos ainda resistem à invasão de seus territórios, lutando contra as ondas de seringueiros, castanheiros, poaieiros etc., lançados às matas em que habitam à procura de novas fontes de exploração para a indústria extrativa. Hoje, como nos dias de sua fundação, o Serviço de Proteção aos Índios é chamado a intervir nessas lutas para garantir a vida ao índio, sua terra e sua liberdade, bem como a segurança dos sertanejos envolvidos em conflitos com tribos hostis.

Esses choques, que em 1910 ocorriam ainda em São Paulo, Minas, Espírito Santo, Bahia, Paraná e Santa Catarina, se processam hoje no Brasil Central, porque por lá correm em nossos dias os limites da zona efetivamente ocupada pela civilização no território nacional. Até recentemente, turmas de pacificação, compreendendo mais de uma centena de servidores, trabalhavam nas matas do sul do Pará, a fim de levar a paz a uma imensa região convulsionada por lutas sangrentas entre os índios **Kayapó, Gaviões** e **Parakanã** e os seringueiros, castanheiros e madeireiros que invadem suas terras. Essas tribos estão sendo alcançadas em seus últimos refúgios por ondas de invasores que devassam seus territórios cada vez que sobem as cotações da borracha e da castanha.

Como o cerco da civilização aperta dia a dia, lutam também entre si, num esforço de desalojar tribos mais fracas dos territórios que ocupam e para os quais querem escapar. Esse é o caso das lutas de extermínio entre os **Kayapó, Asurini** e outras tribos do Xingu.

Abandonadas a seu próprio destino, todas essas tribos seriam impiedosamente chacinadas, depois de enfraquecidas por lutas internas e, se houvesse remanescentes, estes seriam engajados compulsoriamente nos seringais onde morreriam como párias.

Graças à vigilância de Rondon, a maioria das tribos indígenas brasileiras goza de garantia possessória das terras, e o direito inalienável dos índios ao território que ocupam foi estatuído como princípio constitucional.

RONDON, CIVILIZADOR DO SERTÃO

Concomitantemente às suas funções de diretor-geral do Serviço de Proteção aos Índios, Rondon manteve suas atribuições militares de chefe da Comissão de Linhas Telegráficas e, nos anos seguintes, assumiu outras.

Assim, em 1918 aceita o encargo de elaborar a Carta de Mato Grosso, aproveitando os copiosos elementos que reunira e coligindo novos dados que exigiram o levantamento de extensas regiões desconhecidas.

Em 1919, é nomeado diretor de Engenharia do Exército, tendo oportunidade de estender a todo o país suas atividades que até então estavam circunscritas ao Noroeste brasileiro. E o fez com tal devotamento que, ao deixar a função anos mais tarde (1925), é saudado pela eficiência com que a exercera, honrando a cultura técnica do Exército.

Mas Rondon não abandona jamais as tarefas iniciadas; ao contrário, encontra em cada nova incumbência meios de levar à frente sua obra de indigenista e geógrafo.

Em 1927, já agora como general de Divisão, é encarregado de organizar e dirigir a Inspetoria de Fronteiras, criada para assessorar o governo quanto aos graves problemas de povoamento e vigilância dos lindes brasileiros. Comprovando mais uma vez sua constante assertiva de que é urgentíssimo tudo que se refere ao serviço público, um mês depois de nomeado já se encontrava em campo com o estado-maior e as turmas de trabalho, em plena atividade. Assume pessoalmente a chefia de uma das equipes e encaminha-se primeiro ao Oiapoque para conhecer as fronteiras com a Guiana Francesa. Daí passa ao Rio Branco, ao Mahu e ao Tacutu para estudar as fronteiras com a Guiana Inglesa, chegando até o Monte Roraima, que sobe para determinações geográficas. Prossegue, depois, os trabalhos, subindo o rio Uraricoera para alcançar as fronteiras com a Venezuela. Nesse percurso ouve de índios que acompanharam a expedição Hamilton Rice o relato de que, ao alcançar certo monte, arrostando enormes dificuldades, decidira aquele explorador, num gesto de desafio, fazer uma inscrição no tronco de uma árvore e enterrar ao pé dela uma garrafa com dizeres alusivos ao feito que julgava difícil repetir-se. Rondon, que contava então 62 anos de idade, aceita o desafio, galga o mesmo monte, desenterra a garrafa e acrescenta algumas frases às do explorador Rice.

De volta a Manaus, depois dessas penetrações, Rondon, em vez de regressar ao Rio pela costa, decide prosseguir pelo interior a fim de percorrer mais uma vez as linhas telegráficas. Assim, alcança Cuiabá por terra, e ali se atribui duas novas missões de inspeção antes de regressar ao Rio, perfazendo, desse modo, 17.316 quilômetros, através dos quais utilizou de todos os meios de transporte em uso àquela época.

Em 1928 encontramos Rondon empenhado em nova expedição, desta vez subindo o encachoeirado rio Cuminá até suas nascentes nas fronteiras com a Guiana Holandesa. É, como sempre, acompanhado pelos colaboradores científicos que fizeram de suas expedições verdadeiros balanços da natureza brasileira. No ano seguinte, parte do Rio de Janeiro para nova inspeção geral das fronteiras, rumando para Manaus pelo interior do país, através dos rios Araguaia, Tocantins e Amazonas, cujas populações indígenas desejava conhecer e documentar. Dali prossegue num **raid** que desafia comparações mesmo com meios modernos de transporte, visitando, em janeiro, o Cucuí e o Tabatinga até Iquitos, no Peru; segue depois para o Acre a fim de percorrer o rio Xapuri e alcançar Bolpedra e Cojiba, em março; daí passa ao Guaporé, para iniciar a inspeção da fronteira com a Bolívia. Em junho se encontra em Cuiabá, donde parte, agora como diretor do Serviço de Proteção aos Índios, em inspeção ao Posto Indígena Simões Lopes, do rio Paranatinga. Em agosto retoma a inspeção das fronteiras com o Paraguai, percorrendo Forte Coimbra, Bela Vista, Ponta Porá, Inhuverá,

Ipehum e Iguatemi. No mês seguinte passa ao Paraná e Santa Catarina, acompanhando sempre as fronteiras, e, quando se prepara para concluir os trabalhos através dos lindes com a Argentina, é detido pelo irrompimento da revolução de 1930.

Seguem-se anos de conflitos internos em que a posição filosófica positivista de Rondon, que não lhe permitia participar de movimentos revolucionários, daria motivo a profundas incompreensões que dificultaram sobremaneira o prosseguimento de sua obra, obrigando-o a solicitar sua passagem à reserva, após 47 anos de serviços ininterruptos ao Exército e ao país.

Esse não foi, porém, um ato de renúncia à luta mas, ao contrário, a atitude que se lhe afigurou mais eficaz para defender da destruição iminente o Serviço de Proteção aos Índios, sobre o qual recaía toda a má vontade do governo revolucionário. Entretanto, naquele ano de 1930, o Serviço atingira um ponto alto de sua história, com mais de uma dezena de pacificações que permitiram a integração na vida nacional de extensas regiões antes convulsionadas por conflitos sangrentos entre índios e civilizados e mantendo em funcionamento 67 postos de assistência aos índios, distribuídos por todo o país.

Mas todos os esforços de Rondon foram em vão. Sobreveio o colapso provocado pela redução drástica das dotações orçamentárias, a transferência do Serviço para o Ministério do Trabalho, no qual perde a autonomia administrativa e se vê transformado de um serviço nacional a simples seção subordinada a um departamento burocrático e pela perda, por transferência ou dispensa, dos servidores mais experimentados.

As consequências da nova orientação oficial fizeram-se sentir prontamente pela espoliação das terras de diversas tribos por usurpadores que, agora, podiam fazer prevalecer a cobiça sobre o direito dos índios; pelo amontoamento de diversos grupos recentemente pacificados que, vendo-se abandonados e entregues ao arbítrio de seus inimigos tradicionais e sentindo-se traídos, voltaram às matas e às correrias; pela perda, por abandono, de instalações e rebanhos dos postos que constituíam já um ponderável patrimônio indígena.

Essa ordem de coisas prevaleceria por dez anos, até a conclusão de uma nova empresa que, recolocando o nome de Rondon em grande destaque, lhe permitiria recuperar junto ao governo o prestígio necessário para reorganizar o Serviço de Proteção aos Índios.

RONDON, PACIFICADOR DE LETÍCIA

Quatro anos depois da revolução, em 1934, volta o Governo da República a apelar pelos serviços de Rondon, encarregando-o de uma missão diplomática diversa de tudo que havia feito até então, exceto pelas precaríssimas condições de vida que seria obrigado a defrontar no seu cumprimento. É nomeado delegado brasileiro e Presidente da Comissão Mista criada de acordo com a Liga das Nações, para velar pela execução do protocolo de 24 de maio de 1934 do Itamarati que tinha em vista encaminhar à pacificação o Peru e a Colômbia, que se encontravam em sangrento conflito pela posse da região de Letícia.

Instalada a Comissão, em junho de 1934, na vila de Letícia, ali permaneceria Rondon até julho de 1938, quando é alcançada a plena pacificação através da assinatura de um acordo final de paz entre os dois países. Nesse período de quatro anos, tanto os delegados peruanos quanto os colombianos foram substituídos diversas vezes, tais eram as condições de desconforto. Só Rondon permaneceu até o acordo final, embora contasse 73 anos de idade e sofresse de um glaucoma que, não tratado, progrediu até tomar-lhe inteiramente um dos olhos, perdendo-o.

Ao cabo dessa missão, Rondon é homenageado tanto pelos governos da Colômbia e do Peru como do Brasil, que lhe conferem suas mais altas condecorações como testemunho de reconhecimento pelas contribuições que deu à causada paz, graças às suas qualidades de caráter, ao seu espírito persuasório e à sua autoridade de geógrafo.

Na cerimônia de comemoração do término dos trabalhos, promovida pelo Itamarati, Rondon pôde dizer ao embaixador Afrânio de Melo Franco, autor do protocolo que ele levara à prática:

> Se ao Brasil, graças ao senso altruístico de um dos seus filhos, coube a iniciativa generosa que viria dirimir o conflito internacional de Letícia, ao delegado brasileiro coube a felicidade excepcional de ter concluído a execução do protocolo, permanecendo em assistência pessoal ininterrupta na região propícia, desde o primeiro até o último dia do compromisso do estatuto protocolar.[11]

E, como resultado maior de seus esforços, Rondon assinala o artigo sétimo do Pacto de Amizade e Cooperação, que fixou a con-

---

11 Discurso do general Cândido Mariano da Silva Rondon na sessão cívica organizada pelo ministro das Relações Exteriores, dr. Oswaldo Aranha, para comemorar o regresso do Presidente da Comissão Mista Internacional Peru-Colômbia. Rio de Janeiro, 4 de agosto de 1938.

duta presente e ulterior das duas nações na solução de seus problemas, comprometendo-se ambas à proscrição da guerra e afirmando o predomínio das soluções jurídicas que, doravante, deveria servir de norma na dormência de conflitos entre nações americanas.

Fez-se assim a semeadura de fraternidade que já está produzindo frutos em nosso continente sempre aberto aos grandes ideais. Registramos jubilosamente, pela conclusão do pacto de Letícia, o êxito da primeira Comissão Internacional criada na América para resolver pendências entre nações.[12]

RONDON, PROTETOR DOS ÍNDIOS

A repercussão do sucesso de Rondon em Letícia lhe dá o ensejo de influenciar o governo para a volta de uma política indigenista consequente. O Serviço de Proteção aos Índios, que permanecia anulado como simples dependência da Inspetoria de Fronteiras, carecente de meios, de pessoal e de prestígio para realizar suas finalidades, volta em 1939 ao Ministério da Agricultura e sofre uma reforma que o recolocará em condições de retomar suas atividades praticamente abandonadas dez anos antes. No mesmo ano Rondon assume a presidência do Conselho Nacional de Proteção aos Índios, retomando, oficialmente, o encargo de orientar a política indigenista do país, fiscalizar a ação assistencial e exercer vigilância na defesa dos direitos dos índios.

---

12 Ibidem.

Dentro em pouco voltavam a funcionar os antigos postos e muitos novos eram criados, levando a assistência oficial a outros grupos indígenas.

Nos últimos anos a Etnologia vinha experimentando um promissor movimento de renovação que lhe permitiria superar as estreitezas de disciplina museológica e acadêmica voltada para o exótico e desinteressada do destino dos povos que estudava. Rondon, atento para as potencialidades práticas dessa nova perspectiva científica, propõe aos Poderes Públicos e obtém a criação, primeiro junto ao Conselho e, mais tarde, anexada ao Serviço de Proteção aos Índios, de uma Seção de Estudos. O novo órgão recebe a incumbência de documentar através da fotografia, do cinema e das gravações sonoras todos os aspectos da vida indígena suscetíveis desse tipo de registro, especialmente aqueles ameaçados de descaracterização ou desaparecimento em face dos progressos da aculturação. Mais tarde, devota-se a estudos etnológicos tanto com propósitos científicos como programáticos, de elaboração de novas diretrizes para a ação indigenista.

Dez anos depois a copiosa documentação reunida pela Seção de Estudos permitiria inaugurar o Museu do Índio, realizando uma das tarefas a que desde cedo se propusera o Serviço de Proteção aos Índios. Seria um museu de novo tipo, dotado para a luta contra os preconceitos que descrevem o índio como congenitamente inferior e incapaz de qualquer manifestação de refinamento espiritual. Desde sua inauguração, em 1953, vem contribuindo para divulgar uma imagem mais verdadeira e mais humana dos índios que sobrevivem no Brasil, procurando suscitar a simpatia e a compreensão indispensáveis para que seus graves problemas se encaminhem a uma solução.

Em 1952, Rondon leva ao Presidente da República o projeto de criação do Parque Indígena do Xingu, que constitui uma das mais importantes e generosas iniciativas que é dado tomar em nosso tempo para a preservação de uma vasta amostra da natureza brasileira original ameaçada de desaparecimento ou descaracterização, ressalvando-se os direitos dos índios que vivem na região pela garantia do usufruto dela.

A atuação e a vigilância de Rondon à frente do Conselho Nacional de Proteção aos Índios se fez sentir, sobretudo, nos graves momentos de crise em que interesses inconfessáveis perigavam prevalecer junto aos poderes da República sobre os direitos dos índios.

Contam-se centenas de intervenções e **démarches** que se viu obrigado a fazer, ora para salvar as terras de uma tribo ameaçada de esbulho, ora para corrigir erros de orientação e quase sempre para evitar cortes orçamentários que, a título de economia, ameaçavam paralisar serviços assistenciais ou de pacificação.

Ao completar 90 anos, em 1955, encontrava-se ainda em atividade, frequentando diariamente o Conselho de Proteção aos Índios como o mais sábio, o mais devotado e vigilante dos servidores da causa indígena. E, por isso mesmo, se pode asseverar: os índios que sobrevivem neste país chegaram até nossos dias graças à dedicação sem limites, ao ardor sem desfalecimentos com que Rondon se devotou à sua salvação através de 57 anos de trabalhos e de vigilância.

* * *

Não seria legítimo concluir sem nos perguntarmos se temos sido dignos da obra de Rondon. Se, para tanto, é suficiente saber que o temos cultuado, a resposta será afirmativa. Todos estamos prontos a reconhecer que ele foi o grande herói do nosso povo, a personalidade mais vigorosa, melhor definida, mais generosa que produzimos.

Aquela que indicamos ao mundo, dizendo:

– É o nosso herói, o nosso orgulho. Este povo de índios, de negros e de brancos que construiu uma civilização nos trópicos, através dele exprimiu o melhor de si mesmo, de seus anseios de fraternidade, de paz e de progresso.

– Por ele cresceu o próprio Homem, a própria Civilização se fez mais digna, revelando-se às suas vítimas mais desgraçadas por uma face cordial e humana.

O reconhecimento nacional e internacional da grandeza da vida e da obra de Rondon se tem demonstrado através de um sem--número de homenagens. Seu nome foi duas vezes recomendado por personalidades e instituições de todo o mundo para o Prêmio Nobel da Paz, instituído para homenagear aos que mais fizeram pela fraternidade humana. Conferido a Rondon, teria o sentido de uma sábia, oportuna e ponderável contribuição para mobilizar a opinião pública mundial em torno dos graves problemas dos sessenta milhões de indígenas da América, da África e da Ásia, ameaçados em sua sobrevivência tanto pelas condições de vida a que estão submetidos como pelas dizimações de que continuam sendo vítimas.

No Brasil muitas honrarias foram tributadas a Rondon. As mais recentes, ambas de iniciativa do Congresso Nacional, dão a justa medida do orgulho do povo brasileiro por Rondon. Seu nome foi dado a uma das unidades da Federação, o **Território** de **Rondônia**, antigo território do Guaporé, de área equivalente à da Itália, que ele foi o primeiro a devassar e que, através de suas expedições, integrou-se na vida nacional. A Câmara dos Deputados e o Senado Federal, em sessão solene realizada conjuntamente a 5 de maio de 1955, conferiram a Rondon, por motivo do seu nonagésimo aniversário, as honras de Marechal do Exército Brasileiro. Um raro marechal vitorioso nas batalhas da Paz.

Mas, convenhamos, não basta cultuar o herói, é necessário saber o que cada um de nós vem fazendo para realizar os princípios de Rondon, de que tanto nos orgulhamos. Rondon não é relíquia para ser cultuada e ignorada em vitrinas de museu. Rondon não é bandeira-troféu para suscitar emoções cívicas em hora aprazada e com efeito previsto.

Rondon é glória nacional, mas é, também, nossa grave responsabilidade de levar avante sua obra de amor e de trabalho, pela dignidade do Homem e pela grandeza deste país.[13]

---

13 No presente texto estão reunidas e refundidas duas conferências lidas pelo autor; a primeira, a 2 de dezembro de 1956, na Câmara de Vereadores do Distrito Federal, por ocasião da homenagem prestada pela Cruzada Tradicionalista Brasileira ao Marechal Rondon; a segunda, a 7 de maio de 1958, no auditório do Ministério da Educação e Cultura, em sessão solene de homenagem ao Marechal Rondon, promovida pelo Conselho Nacional de Proteção aos Índios.

Cândido Rondon fardado.

Na cidade onde nasceu.

Com uma criança indígena.

Lavando as mãos em riacho próximo à estrada Campo Grande – Cuiabá.

Conversando com o arcebispo de Cuiabá, D. Aquino de Corrêa.

Conversando com índios Bororo.

Conversando com o índio Cadete, chefe dos índios Bororo.

Em cima, proferindo uma palestra; embaixo, sendo recepcionado por comitiva em Mimoso, no Mato Grosso, em 1948.

Os quatro princípios de Rondon*

Diante do corpo de Rondon, quero falar de Rondon vivo, do seu legado de lutas e ideais que desde agora nos é entregue.

Do tenente-instrutor da Escola Militar que abandona a perspectiva de uma carreira de magistério, para devotar-se ao setor mais árduo da tropa, movido por suas convicções de positivista, ao marechal que morre, usando o último alento em repetir frases de Auguste Comte – vai toda uma longa e dura vida de trabalho, marcada pela fidelidade aos mesmos ideais.

Se o Brasil nada devesse a Comte, que tamanha influência exerceu sobre o pensamento nacional, deveríamos creditar-lhe, ao menos, o haver-se conformado à luz dos princípios morais de sua filosofia, a mais rica, a mais coerente, a mais enérgica e a mais generosa personalidade jamais criada pelo povo brasileiro.

---

*   Necrológio lido por Darcy Ribeiro no Cemitério São João Batista, a 20 de janeiro de 1958.

Mas Rondon foi, ele também, um filósofo. Um pensador original, na medida em que, interpretando as condições peculiares de existência da sociedade brasileira e de sua larga experiência de convívio com nossas populações indígenas, formulou uma filosofia própria.

Quero recordar aqui os quatro princípios de Rondon, aqueles que orientam a política indigenista brasileira desde 1910, mas constituem, ainda hoje, a mais alta formulação dos direitos dos 60 milhões de indígenas de todo o mundo.

O primeiro princípio de Rondon, **Morrer, se preciso for, matar nunca**, foi formulado no começo deste século, quando, devassando os sertões impenetrados de Mato Grosso, ia de encontro às tribos mais aguerridas com palavras e gestos de paz, negando-se a revidar seus ataques, por entender que ele e sua tropa eram os invasores e, como tal, se fariam criminosos se de sua ação resultasse a morte de um índio.

> Quando há alguns anos referimo-nos a este princípio numa conferência internacional fomos procurados pelo representante da Índia que indagou se era Rondon um discípulo de Gandhi. Esta pergunta vale por um julgamento da altitude a que alcançou o pensamento pacifista brasileiro, formulado por Rondon.

O segundo princípio de Rondon é o do **respeito às tribos indígenas como povos independentes**, que, apesar de sua rusticidade e por motivo dela mesma, têm o direito de ser eles próprios, de viver suas vidas, de professar suas crenças e de evoluir segundo o ritmo de que sejam capazes, sem estarem sujeitos a compulsões de qualquer ordem e em nome de quaisquer princípios.

Num tempo em que se presencia a dizimação em massa dos Kukuyos por tropas imperiais inglesas, na defesa dos interesses de colonos que se instalaram nas terras daquele povo, nenhum princípio é mais atual.

O terceiro princípio de Rondon é o de **garantir aos índios a posse das terras que habitam e são necessárias à sua sobrevivência.**

Neste caso não precisamos, lamentavelmente, buscar exemplos na África. Até hoje este princípio, embora inscrito na Constituição Brasileira, é, ali, apenas uma frase eloquente. Por não ter sido ainda regulamentado, também não é cumprido. Entre dezenas de exemplos possíveis, só vos direi que os Xavante são, hoje, juridicamente falando, invasores das terras em que sempre viveram, pois elas estão sendo concedidas em enormes glebas aos que têm maior capacidade de convencer ao poder público.

O quarto princípio de Rondon é **assegurar aos índios a proteção direta do Estado,** não como um ato de caridade ou de favor, mas como um direito que lhes assiste por sua incapacidade de competir com a sociedade dotada de tecnologia infinitamente superior que se instalou sobre seu território.

A luta para realizar esse princípio começou para Rondon em 1910, com a criação do Serviço de Proteção aos Índios, e custou o melhor de suas energias e todo o seu devotamento durante 47 anos. Graças aos esforços de Rondon, sobrevive hoje no Brasil uma centena de milhares de índios que não existiriam sem seu amparo.

Entretanto, é preciso que se diga: nesses mesmos anos, em virtude da carência dos recursos destinados ao Serviço de Proteção aos Índios, da falta de compreensão e de apoio por parte das autoridades mais responsáveis do país, da incapacidade daquele Serviço para colocar-se à altura da obra que é chamado a realizar, apesar do zelo e da combatividade de Rondon, desapareceram, não por não ser assimilados na população nacional mas simplesmente por morte, por extinção, mais de oitenta grupos indígenas.

Cabe aqui, pois, uma pergunta amarga: – Se tamanha hecatombe foi possível estando Rondon vivo, estando vivo o grande herói do nosso povo e paladino da causa indígena, o que sucederá agora, apagada sua vigilância, esgotada sua energia, emudecida sua voz?

Sejam minhas últimas palavras um compromisso e um chamamento diante do corpo de Rondon.

Marechal da Paz
Marechal do Humanismo
Protetor dos índios

– Aqui estamos os que cremos que a obra da vossa vida é a mais alta expressão da dignidade do povo brasileiro.

– Aqui estamos para dizer-vos que nada nos fará desanimar do propósito de dedicar o melhor de nossas energias para a realização dos vossos princípios.

– Aqui estamos para comprometer-nos a criar, tão prontamente quanto possível, uma **Sociedade de Amigos dos Índios** que conclame os brasileiros para tomar em suas mãos a vossa obra e prossegui-la.

– Nenhum de nós, ninguém, pode substituir-vos. Mas talvez mil reunidos sob o patrocínio do vosso nome possam tornar menos gritante o grande vazio criado com a vossa morte.

Bibliografia de Cândido Mariano da Silva Rondon

1910 *Ethnographia*. Commissão de Linhas Telegraphicas e Estrategicas de Matto Grosso ao Amazonas. História Natural. Rio de Janeiro, anexo n. 5, 2. ed. em 1947. p. 57.

1912 *O Serviço de Protecção aos Indios e Localisação de Trabalhadores Nacionaes*. Rio de Janeiro. 10 p.

1915 *Pelos nossos aborígenes*. Rio de Janeiro: Papelaria Macedo. 28 p.

1915/1919/1949 Relatório apresentado à Directoria Geral dos Telegraphos e à Divisão de Engenharia do Departamento de Guerra. Commissão de Linhas Telegraphicas e Estrategicas de Matto Grosso ao Amazonas. I: Estudos e Reconhecimentos, 365 p. (1915); II: Construcção (1907 a 1910) 139 p. (1919); III Segundo relatório parcial correspondente aos annos de 1911 e 1912, 346 p. 2 mapas (1915); I e V 334 p. 5 mapas. (1949)

1916 Conferências realizadas nos dias 5, 7 e 9 de outubro de 1915 sobre trabalhos da Expedição Roosevelt e da Commissão Telegraphica. Commissão de Linhas Telegraphicas e Estrategicas de Matto Grosso ao Amazonas. Rio de Janeiro, XVII, n. 42, 266 p.

1922 Conferências realizadas em 1910 no Rio de Janeiro e em São Paulo. Commissão de Linhas Telegraphicas e Estrategicas de Matto Grosso ao Amazonas. Rio de Janeiro, n. 68. 122 p. (2. ed. 1946).

1938 Discurso pronunciado na sessão cívica organizada pelo ministro das Relações Exteriores, dr. Oswaldo Aranha, para comemorar o regresso do Presidente da Commissão Mixta Internacional Peru-Colômbia. Rio de Janeiro. 15 p.

1940 *Rumo ao Oeste.* Rio de Janeiro.

1940 Etnografia. *Revista Brasileira de Geografia.* Rio de Janeiro, v. 11. n. 4. 2. ed., 1944; 3. ed., 1946. p. 594-621.

1940 José Bonifácio e o problema indígena. *Revista do Instituto Histórico e Geográfico Brasileiro*, Rio de Janeiro. v. 174. p. 867-893, 1939.

1943 Problema Indígena. Separata do relatório de 1936 da Comissão Mixta Peru-Colômbia na questão de Letícia. *América-Indígena*, México. n. 1. p. 23-37.

1946/1955 *Índios do Brasil.* v. 1: do Centro, Noroeste e Sul de Mato Grosso, 1946. 366 p.; v. 2: das Cabeceiras do rio Xingu, dos rios Araguaia e Oiapoque, 1953. 363 p.; v. 3: do Norte do rio Amazonas, 1955. 370 p. Rio de Janeiro.

Em colaboração com Antônio Pirineus de Souza:

1943 *Mapa do levantamento expedito do rio Juru, afluente do Gy--Paraná*, Rio de Janeiro, impresso em 3 cores com 1,56 x 0,45, escala 1:100.000.

Em colaboração com João Barbosa de Faria:

1948 *Glossário geral das tribos silvícolas de Mato Grosso e outras da Amazônia e do Norte do Brasil.* Conselho Nacional de Proteção aos Índios. Rio de Janeiro, n. 76. 257 p.

1948 *Esboço gramatical e vocabulário da língua dos índios Bororo:* Algumas lendas e notas etnográficas da mesma tribo. Rio de Janeiro: Conselho Nacional de Proteção aos Índios. n. 77. 211 p.

1948 *Esboço gramatical, vocabulário, lendas e cânticos dos índios Aríti (Paríci).* Rio de Janeiro: Conselho Nacional de Proteção aos índios, n. 78, 110 p.

Em colaboração com o General Jaguaribe Gomes de Mattos:

1952 *Nova Carta de Mato Grosso,* impressa a cores, em escala de 1:1.000.000.

Bibliografia sobre a vida e a obra de Cândido Mariano da Silva Rondon

ANDRADA E SILVA, José Bonifácio
1912 Discurso pronunciado na sessão de 11 nov. 1911 na Câmara dos Deputados em defesa do Serviço de Protecção aos Índios e Localização de Trabalhadores Nacionaes, Rio de Janeiro. 22 p.

ANÔNIMO
1910 Homenagem a José Bonifácio no 88º Anniversario da Independencia do Brazil. Inauguração do Serviço de Protecção aos Índios e Localização de Trabalhadores Nacionaes. Rio de Janeiro. 119 p.

APOSTOLADO POZITIVISTA DO BRAZIL, Publicações do
1909 n. 276 – *O sientismo e a defeza dos indígenas*. A propósito dum artigo do dr. H. Jhering. Um exemplo digno do Rio Grande do Sul. Rio de Janeiro.

1910 n. 294 – *A civilização dos indígenas brazileiros e a política moderna*. A propósito dos projetos neste assunto, atribuídos ao dr. Rodolfo Miranda, ministro da Agricultura. Rio de Janeiro.

1910 n. 300 – *Em defeza dos selvagens brazileiros*. Rio de Janeiro.

1910 n. 305 – *José Bonifácio, a propósito do novo Serviço de Proteção aos Índios*, por M. Lemos. Rio de Janeiro.

1911 n. 333 – *Ainda pelos martirizados descendentes dos indígenas e africanos*. A propósito do projeto que fixa a despesa do Ministério da Agricultura, Indústria e Comércio para o exercício de 1912. Rio de Janeiro.

1912 n. 341 – *Atitude dos pozitivistas para com os católicos e demais contemporâneos*. A propósito das apreciações de alguns católicos sobre a conduta dos pozitivistas no que concerne à proteção republicana aos indígenas. Rio de Janeiro.

1912 n. 349 – *A proteção republicana aos indígenas e a catequese católica dos mesmos indígenas*.

BADET, Charles
1951 *Charmeur d'indiens*: Le General Rondon. Paris. 226 p.

BANDEIRA, Alípio
1919 *Antiguidade e atualidade indígena*. Catequese e Proteção. Rio de Janeiro. 120 p.
1923 *A mistificação salesiana*. Rio de Janeiro. 93 p.
1926 *A cruz indígena*. Porto Alegre. 131 p.

BOTELHO DE MAGALHÃES, Amílcar
1941 *Pelos sertões do Brasil*. São Paulo. 2. ed. 507 p.
1942 *Impressões da Commissão Rondon*. São Paulo. 5. ed. 445 p.
1942 *Rondon* – Uma relíquia da pátria. Publica a fé de ofício do Gal. Cândido Mariano da Silva Rondon, 1881-1930. Curitiba. 250 p.
1943/1944 O problema da civilização dos índios no Brasil. *América Indígena*. México: v. 3. p. 153-160 e 329-335; v. 4. p. 55--63, 133-142 e 323-333.

1947 Índios do Brasil. *América Indígena*. México. 96 p.
1956 *A obra ciclópica de Rondon*. Rio de Janeiro: Biblioteca do Exército. 63 p.

BOTELHO DE MAGALHÃES, Amílcar; HORTA BARBOSA, Luiz Bueno
1916 *Missão Rondon*. Rio de Janeiro. 463 p.

CAVALCANTI, José Bezerra
1912 Exposição apresentada ao dr. Pedro de Toledo, ministro da Agricultura, Commercio e Industria. Rio de Janeiro.

CONSELHO NACIONAL DE PROTEÇÃO AOS ÍNDIOS
1946 *Catálogo geral das publicações da Comissão Rondon e do Conselho Nacional de Proteção aos Índios*. Rio de Janeiro. 34 p.
1946 *19 de Abril: O Dia do índio* – As comemorações realizadas em 1944 e 1945. Rio de Janeiro. v. 1. n. 100. 232 p.

CRULS, Gastão
1938 *A Amazônia que eu vi*: Óbidos – Tumucumaque. Rio de Janeiro. 2. ed. 339 p.

DUARTE, Bandeira
1941 *Rondon, o bandeirante do século XX*. São Paulo. 204 p.

GONDIM, Joaquim
1925 *A pacificação dos Parintintins*. Commissão Rondon. n. 87. 67 p.

GUSMÃO, Clovis de
1942 *Rondon*. Rio de Janeiro: Livr. José Olímpio. 226 p.

HORTA BARBOSA, Luiz Bueno

1913 *A pacificação dos Caingangs paulistas:* hábitos, costumes e instituições desses índios. Rio de Janeiro. 2. ed. 1947. 49 p.

1919 *Pelo índio e sua proteção oficial*: a "história da colonização do Brasil". Rio de Janeiro. 80 p.

1923 *Pelo índio e sua proteção oficial.* 2. ed. 1947. 71 p.

1926 *Commissão Rondon:* O problema indígena no Brasil. Rio de Janeiro. 2. ed. 1947. 31 p.

INSTITUTO HISTÓRICO E GEOGRÁFICO DE MATO GROSSO

1940 *O Instituto Histórico e o general Rondon.* Rio de Janeiro: Tomos 43 e 44. 151 p.

LINS, Ivan

1942 *A obra educativa do general Rondon.* Biblioteca Militar, Rio de Janeiro.

MAGALHÃES, Basílio de

1924 *Em defeza do índio e de sua propriedade.* 53 p.

1925 *Em defeza dos índios e das fazendas nacionais.* Rio de Janeiro. 87 p.

1946 Em defeza dos brasilindios. Separata da Publicação n. 101 do C.N.P.I. Rio de Janeiro. 39 p.

MIRANDA, Manoel

1911 *O Programma de José Bonifácio:* pela redempção da raça indígena. Rio de Janeiro. 54 p.

MIRANDA RIBEIRO, Alípio
1945 *A Comissão Rondon e o Museu Nacional*. Rio de Janeiro: Conselho Nacional de Proteção aos Índios. 2. ed. 92 p.

OFICINA INTERNACIONAL DO TRABALHO
1953 – *Poblaciones indígenas* – Condiciones de vida y trabajo de los pueblos autoctones de los países independientes. Genebra, 67 p.

OLIVEIRA, Humberto de
1935 *O índio do Brasil*. Rio de Janeiro. 67 p.
1947 *Coletânea de leis, atos e memórias referentes ao indígena brasileiro*. Rio de Janeiro. 229 p.

OLIVEIRA, José Mariano de
1899 *Pelos indígenas brazileiros*. Rio de Janeiro: Apostolado Positivista do Brasil, n. 138.

PAULA, José Maria de
1944 *Terra dos índios*. Boletim do Serviço de Proteção aos Índios. Rio de Janeiro. n. 1. 109 p.

RIBEIRO, Adalberto Mario
1943 "O Serviço de Proteção aos Índios em 1943". *Revista do Serviço Público* (separata). Rio de Janeiro: ano 6, v. 3, n. 3, 58 p.

RIBEIRO, Darcy
1953 "Organização Administrativa do Serviço de Proteção aos Índios". *Boletim SPI*. Rio de Janeiro. p. 1-15.
1954 "Indian Frontiers in Brazil". in Americas. *Revista da União Pan-americana*. Washington. p. 16-18 e 39-40.

1954 "O Serviço de Proteção aos Índios". *Boletim SPI.* Rio de Janeiro. p. 1-19; 56-78; 89-124.

1954 "Mourir s'il faut, mais ne jamais tuer". *Le Courrier de L'Unesco.* Paris. n. 8-9. p. 8-13.

ROOSEVELT, Theodore
1914 *Through the Brazilian Wilderness.* Londres, 2. ed.; Nova York, 1925. v. 11. 410 p. Tradução de Conrado Erichsen: *Através do Sertão do Brasil.* São Paulo, 1944; Tradução de Luiz Guimarães Junior: *Nas Selvas do Brasil.* Rio de Janeiro, 1944.

ROQUETTE-PINTO, Edgar
1917 *Rondônia.* Archivos do Museu Nacional. Rio de Janeiro. v. 20. 250 p. Terceira edição brasileira de 1935; primeira edição alemã, em Viena, de 1954. Tradução de Etta Becker Donner.

TEIXEIRA MENDES, R.
1907 *Ainda os indígenas do Brasil e a política moderna.* Rio de Janeiro: Apostolado Positivista do Brasil. n. 253.

1915 *Ainda pelos martirizados descendentes dos indígenas e dos africanos.* Rio de Janeiro: Apostolado Positivista do Brasil. n. 392.

TORRES, Cid Luzo
1911 – *A influência pozitivista no atual Serviço de Proteção aos Índios e Localização de Trabalhadores Nacionais.* Rio de Janeiro: Apostolado Positivista do Brasil. n. 334.

VASCONCELOS, Vicente de Paula
1938 "Serviço de Proteção aos Índios: Visita a um posto de fronteira". *Revista do Serviço Público.* Ano 2, v. 1, p. 31.

1939 "A repartição dos negócios indígenas nos Estados Unidos e o Serviço de Proteção aos Índios do Brasil". *Revista do Serviço Público*. Ano 2, v. 2, p. 51.

1940 "O Conselho Nacional de Proteção aos Índios". *Revista do Serviço Público*. Ano 2, v. 1, p. 19.

1940 "O problema da civilização dos índios". *Revista do Serviço Público*. Ano 3, v. 2, p. 59.

1941 "A obra de proteção ao indígena no Brasil". *América Indígena*. v. 1, n. 1, p. 21-28.

VIVEIROS, Esther de

1957 *Rondon conta sua vida*. Nova York (Robert Speller) e Rio de Janeiro (Carlos Ribeiro).

Impresso por :

Graphium
gráfica e editora

Tel.:11 2769-9056